CW01678086

YILDIZIN HİKÂYESİ

EBRAR KARAKURT

PETA

Ebrar Karakurt
Can Eren
© 2024, Peta Kitap Yayıncılık Dağıtım A.Ş.

ISBN: 978-625-7232-88-3

Genel Yayın Yönetmeni: Gürcan Demirel
Yayın Koordinatörü: Buse Dövücü
Kapak ve Mizanpaj: Peta Kitap Yayıncılık Dağıtım

Bu eserin Türkçe yayın hakları Peta Kitap Yayıncılık Dağıtım A.Ş.'ye aittir. Tüm hakları saklıdır. Kaynak göstermek şartıyla, tanıtım için yapılacak kısa alıntılar dışında, yayıncının yazılı izni olmaksızın hiçbir yolla çoğaltılamaz, yayımlanamaz ve dağıtılamaz.

Yayınevi: Peta Kitap Yayıncılık Dağıtım A.Ş
Tevfikbey Mah. Eravutmuş Sok. No.:10/B
Sefaköy-Küçükçekmece/İstanbul
Tel: 0212 426 97 97 Sertifika No.: 48735

Basım: Egem Basım Yayın Sanayi ve Ticaret Limited Şirketi
Maltepe Mah. Gümüşsuyu Cad. Odin Center
No.: 28 K: 2 No.: 436 Topkapı-Zeytinburnu/İstanbul
Sertifika No.: 43624

YILDIZIN HİKÂYESİ

EBRAR KARAKURT

Can Eren

PETA

İçindekiler

GİRİŞ

Ebrar Karakurt, Türk voleybolunun parlayan yıldızı, saha içindeki cesareti ve sahadaki tutkusu ile tanınan bir sporcudur. Onun hikâyesi, sıradan bir çocuğun büyük hayaller ile başlayıp, uluslararası arenada tanınan bir sporcuya dönüşmesinin destansı yolculuğunu anlatır. Bu kitap, Ebrar'ın yüreğindeki ateşi, onun karşılaştığı engelleri nasıl aştığını ve her zorluğa rağmen nasıl dimdik ayakta kaldığını gözler önüne serecek.

Ebrar'ın çocukluğu, Balıkesir'de mütevazı bir ailede geçti. Ailesi, onun spora olan tutkusunu erken yaşlarda fark etti ve destekledi. Ebrar, daha küçük yaşlarda bile enerjisi ve azmiyle çevresindekileri etkiliyordu. Voleybol sahasında attığı her adım, onun büyük bir yetenek olduğunu ortaya koyuyordu. İlk başlarda sadece eğlence için oynadığı voleybol, zamanla onun yaşamının merkezine oturdu.

Voleybol, Ebrar'ın hayatındaki değişimin başlangıcıydı. Okul takımlarında başlayan kariyeri, kısa sürede profesyonel arenaya taşındı. Sahada gösterdiği üstün performans ile dikkatleri üzerine çekmeyi başardı. Bitmeyen enerjisi, sahanın her köşesinde varlığı hissedilen etkisi, ona sadece bir oyuncu olarak değil, bir lider olarak da saygı kazandırdı.

Genç millî takımla elde ettiği başarılar, Ebrar'ın kariyerinde dönüm noktası oldu. Avrupa'da birçok kulüpte forma giyerek, yeteneklerini uluslararası platformda da sergiledi. Her maç, her turnuva, Ebrar için yeni bir öğrenme fırsatıydı. Karşılaştığı zorluklar onu daha da güçlendirdi. Sakatlıklarla mücadele etmek zorunda kaldı, ancak her seferinde daha güçlü bir şekilde geri döndü.

Millî takım forması altında sahaya çıktığında, Ebrar sadece bir oyuncu değil, bir sembol hâline geldi. Onun sahadaki liderliği, takım arkadaşlarına ilham verdi. Zaferlerin yanı sıra hüzünlü anlar da yaşadı ama her zaman hedeflerine odaklanmış bir şekilde yoluna devam etti.

Ebrar'ın saha dışındaki hayatı da en az sahadaki kadar ilgi çekicidir. Sosyal medya üzerinden takipçileriyle kurduğu bağ, onun insanlarla olan iletişimini güçlendirdi. Ebrar, sadece bir sporcu değil; aynı zamanda bir rol model, bir ilham kaynağı oldu. Onun hikâyesi gençlere umut verdi, onları hayallerine ulaşmak için cesaretlendirdi.

Geleceğe yönelik hedefleri ve hayalleri, Ebrar'ın kariyerinin sadece başlangıç olduğunu gösteriyor. Türkiye'de voleybolun gelişimine yaptığı katkılar, onun spor dünyasındaki yerini sağlamlaştırdı. Ebrar Karakurt'un hikâyesi, bir sporcu olmanın ötesinde insan olmanın, zorluklarla mücadele etmenin ve hayallerinin peşinden gitmenin destansı bir örneğidir.

1. Bölüm

Ebrar'ın Çocukluğu

Ebrar Karakurt'un hayatı, 17 Ocak 2000'de Balıkesir'de dünyaya gelmesiyle başladı. Mütevazı bir ailenin kızı olan Ebrar, çocukluğunda enerjik ve meraklı bir çocuk olarak tanınıyordu. Ailesi, onun bu enerjisini doğru yönlendirebilmek için çeşitli aktivitelerle ilgilenmesini teşvik etti. Ebrar'ın sporla tanışması da bu yıllara dayanıyor.

Küçük yaşlarda, mahallede arkadaşlarıyla oynadığı oyunlar sırasında, Ebrar'ın fiziksel yetenekleri ve spora olan ilgisi göze çarpıyordu. Henüz yedi yaşındayken, ailesi onu Balıkesir'deki bir spor kulübüne yazdırdı. Bu kulüpte, Ebrar ilk kez voleybol ile tanıştı. Başlangıçta sadece eğlence amacıyla katıldığı antrenmanlar, kısa sürede büyük bir tutkuya dönüştü.

Antrenörleri, Ebrar'ın yeteneklerini hemen fark etti. Onun sahadaki azmi, hırsı ve takım arkadaşlarına olan desteği, onu kısa sürede takımın vazgeçilmez bir oyuncusu hâline getirdi. İlk turnuvasında gösterdiği performans, hem ailesinin hem de antrenörlerinin gurur kaynağı oldu. Ebrar, sahada sadece bir oyuncu olarak değil, âdeta bir lider gibi hareket ediyordu.

Ebrar'ın çocukluk yılları, sadece sporla değil, aynı zamanda eğitimle de doluydu. Okulunda başarılı bir öğrenci olan Ebrar, spor ve eğitimi dengeli bir şekilde yürütüyordu. Öğretmenleri, onun disiplinli ve kararlı yapısını her fırsatta övüyordu. Okul takımlarında gösterdiği performans, onu daha büyük hedeflere yönlendirdi.

Balıkesir'de başlayan voleybol serüveni, Ebrar için bir dönüm noktası oldu. Mahalle sahalarında başlayan macera, onu profesyonel arenaya taşıyacak uzun bir yolculuğun ilk adımıydı. Her geçen gün, sahada daha da yetkin hâle gelen Ebrar, geleceğin yıldızı olma yolunda emin adımlarla ilerliyordu.

Ailesi, Ebrar'ın bu yolda en büyük destekçisiydi. Onun hayallerine inanıyor ve bu hayalleri gerçekleştirebilmesi için ellerinden geleni yapıyorlardı. Ebrar, ailesinin bu desteği sayesinde, karşısına çıkan her zorluğu aşmayı başardı. Onun için en önemli motivasyon kaynağı, ailesinin gurur duyduğu bir evlat olabilmekti.

Ebrar Karakurt'un çocukluğu; onun karakterinin şekillendiği, hayallerinin filizlendiği bir dönemdi. Bu dönemde kazandığı disiplin, azim ve kararlılık, onun ilerideki başarılarının temelini oluşturdu. Ebrar, çocukluk yıllarında edindiği bu değerlerle, hayatı boyunca karşısına çıkan tüm engelleri aşmayı başardı.

2. Bölüm

Voleybola İlk Adım

Ebrar Karakurt'un voleybol yolculuğu, Balıkesir'de DSİ Spor'da başladı. Küçük yaşlarda bu sporla tanışan Ebrar, kısa sürede yeteneklerini sergilemeye başladı. Ancak onun hikâyesi, Balıkesir'in sınırlarını aşıp Bursa'ya uzandığında gerçekten şekillenmeye başladı. Ailesiyle birlikte Bursa'ya yerleştiklerinde, Ebrar'ın hayatında yeni bir sayfa açıldı.

Bursa'da, Bahçeşehir Anadolu Lisesi'nde okul takımında oynarken, aynı zamanda Bursa Büyükşehir Belediyespor'da da forma giymeye başladı. Bu dönemde, Ebrar iki farklı takımda oynama ayrıcalığını yaşadı. Hem okulunun hem de şehrinin takımını başarıyla temsil ederken, kendine olan güveni ve yetenekleri daha da pekişti. Her antrenman, her maç onun için birer öğrenme ve gelişme fırsatıydı.

2014-2015 sezonunda, Bursa Büyükşehir Belediyespor formasıyla Türkiye Kadınlar Voleybol Ligi'nde mücadele etti. Bu, onun profesyonel kariyerindeki ilk büyük adımlardan biriydi. Sahada gösterdiği performans, sadece takım arkadaşlarını ve antrenörlerini değil, aynı zamanda voleybol dünyasını da etkiledi. Bursa'da geçirdiği bu yıllar, Ebrar'ın kariyerinde önemli bir temel oluşturdu.

Ancak onun yetenekleri ve azmi, daha büyük sahneleri hak ediyordu. VakıfBank'ın genç takımına katıldığında, Ebrar için yeni bir dönem başladı. Burada, Türkiye'nin en prestijli kulüplerinden birinin altyapısında eğitim aldı ve gelişimini sürdürdü. VakıfBank'ta geçirdiği zaman, ona sadece teknik beceriler kazandırmakla kalmadı, aynı zamanda disiplin ve takım ruhu gibi önemli değerleri de aşıladı.

VakıfBank'ta genç takımdayken, sergilediği üstün performans sayesinde A takıma yükselme fırsatı buldu. Bu, Ebrar'ın kariyerinde bir dönüm noktasıydı. Artık sadece genç bir yetenek değil, büyük başarılara imza atabilecek bir yıldız adayıydı. VakıfBank formasıyla sahaya çıktığında, içindeki tutku ve azim her hareketine yansıyordu.

Ebrar Karakurt'un bu etkileyici yolculuğu, onun ne denli kararlı ve azimli bir sporcu olduğunu bir kez daha gösterdi. Balıkesir'den Bursa'ya, oradan da VakıfBank'a uzanan bu yolculuk, onun her zorluğu aşarak nasıl zirveye tırmandığını anlatıyor. Sahada gösterdiği performans, sadece bir sporcu olarak değil, aynı zamanda bir insan olarak da onun ne kadar güçlü olduğunu gözler önüne serdi.

Ebrar'ın bu yolunun başlangıcı bile nasıl büyük hayaller kurduğunu ve hayallerinin peşinden nasıl azimle koştuğunu anlatıyor. O, sadece bir voleybolcu değil, aynı zamanda ilham veren bir başarı öyküsünün kahramanı oldu. Onun hikâyesi, daha nice genç sporcuya ilham vermeye ve yol göstermeye devam edecek.

Genç yaşında kazandığı tecrübeler, onun voleybol sahasındaki yeteneklerini daha da pekiştirdi. Her antrenman, her maç, Ebrar için bir öğrenme fırsatıydı. İstanbul'un büyük kulübünde geçirdiği yıllar, onun sadece fiziksel yeteneklerini değil, aynı zamanda oyun zekâsını ve stratejik düşünme becerilerini de geliştirdi. Antrenörlerinin yönlendirmeleri ve takım arkadaşlarının desteği, Ebrar'ın kendine olan güvenini arttırdı.

İlk profesyonel turnuvasında gösterdiği performans, Ebrar'ın kariyerinde bir dönüm noktası oldu. Turnuva boyunca sergilediği üstün oyun, onun adını duyurdu ve genç yaşta birçok kişinin dikkatini çekti. Sahada gösterdiği cesaret ve azim, onun ne kadar özel bir yetenek olduğunu kanıtlıyordu. Turnuva sonunda kazandığı ödül, onun ve ailesinin yüzünü güldürdü. Bu ödül, Ebrar'ın hayallerine ulaşma yolunda attığı önemli bir adımdı.

Ebrar'ın başarısı sadece sahada kalmadı; aynı zamanda okulda da büyük bir ilgiyle karşılandı. Okul arkadaşları ve öğretmenleri, onun başarılarını gururla takip ediyordu. Ebrar, hem okulda hem de spor kulübünde örnek bir öğrenci ve sporcu olmayı başardı. Bu dönemde kazandığı disiplin ve çalışma azmi, onun gelecekteki başarılarının temelini oluşturdu.

İstanbul'daki yılları, Ebrar için hem zor hem de öğretici geçti. Yeni bir şehirde yaşamak, ailesinden uzakta olmak, onu zaman zaman zorlasa da Ebrar bu zorlukları aşmayı başardı. Sahada gösterdiği azim ve kararlılık, onun kişisel yaşamına da yansıdı. Her yeni gün, Ebrar için yeni bir mücadele demekti ama o hiçbir zaman pes etmedi. Her düştüğünde daha güçlü kalktı ve her zorlukla daha da güçlendi.

Genç yaşta kazandığı bu tecrübeler, Ebrar'ın karakterini de şekillendirdi. Sahada gösterdiği liderlik, onun doğal bir lider olduğunu kanıtladı. Takım arkadaşlarına verdiği destek, onları motive etmesi ve sahada her zaman en iyisini yapmaya çalışması, Ebrar'ı özel kıldı. Bu dönemde kazandığı tecrübeler, onun kariyerinde ilerlemesini sağladı ve onu uluslararası arenada tanınan bir sporcu hâline getirdi.

Ebrar Karakurt'un başlangıç yılları, onun ne kadar büyük bir potansiyele sahip olduğunu ve bu potansiyeli nasıl gerçekleştirdiğini gösteren bir dönemdi. Onun azmi, disiplini ve kararlılığı, her genç sporcunun örnek alması gereken değerlerdi. Ebrar, genç yaşında kazandığı bu tecrübelerle, voleybol dünyasında bir yıldız olma yolunda emin adımlarla ilerliyordu.

3. Bölüm

Yükseliş

Ebrar Karakurt'un yetenekleri, sadece kulüp düzeyinde değil; millî takım düzeyinde de fark edildi. Genç yaşta millî takım formasını giymek, onun için büyük bir onur ve gurur kaynağıydı. Genç millî takımda gösterdiği performans, onun uluslararası arenada da tanınmasına yol açtı.

Genç millî takımla ilk kampına katıldığında, Ebrar'ın heyecanı ve motivasyonu en üst seviyedeydi. Millî formayı giydiği ilk an, onun için unutulmaz bir andı. Takım arkadaşlarıyla birlikte çıktığı ilk maç, onun kariyerinde bir dönüm noktası oldu. Sahada gösterdiği üstün performans, onun ne kadar özel bir yetenek olduğunu bir kez daha kanıtladı.

Genç millî takımla katıldığı ilk turnuva, Ebrar için büyük bir tecrübeydi. Her maçta elinden gelenin en iyisini yapmaya çalıştı ve takımına büyük katkılar sağladı. Turnuva sonunda kazandıkları başarı, Ebrar'ın kariyerinde önemli bir yer tuttu. Bu başarı, onun millî takımda kalıcı olmasını sağladı ve daha büyük hedeflere yönelmesini teşvik etti.

Ebrar'ın genç millî takım maceraları, sadece sportif başarılarla sınırlı değildi. Bu dönemde kazandığı arkadaşlıklar ve takım içindeki birlik, onun kişisel gelişimine de büyük katkı sağladı. Millî takım kamplarında geçirdiği zaman, ona hem sporcu hem de birey olarak büyük değerler kattı. Ebrar, bu dönemde edindiği tecrübelerle, sahada ve saha dışında daha olgun bir sporcu hâline geldi.

Millî takımda kazandığı başarılar, Ebrar'ın kariyerine olan inancını ve motivasyonunu arttırdı. Her yeni turnuva, onun için yeni bir meydan okuma ve öğrenme fırsatıydı. Ebrar, her

zorluğu aşarak ve her fırsatı değerl
genç yaşta büyük başarılara imza a
azmi, disiplini ve kararlılığı, genç mill
başarısında büyük rol oynadı.

Ebrar Karakurt'un genç millî takım maceraları, onun kariyerinde önemli bir yer tuttu. Bu dönemde kazandığı tecrübeler ve başarılar, onun küresel çapta tanınan bir sporcu olmasına yol açtı. Ebrar, genç yaşta millî formayı gururla taşıdı ve Türkiye'yi en iyi şekilde temsil etti.

Ebrar Karakurt'un yükselişi; onun yetenekleri, azmi ve kararlılığı sayesinde oldu. Genç millî takımda kazandığı başarılar, onun kariyerinde bir dönüm noktası oldu ve genç yaşta kazandığı bu tecrübelerle voleybol dünyasına adını yazdırmayı başardı.

4. Bölüm

Avrupa'da Kulüp Kariyeri

Ebrar Karakurt'un voleybol kariyeri, genç millî takımda kazandığı başarılarla sınırlı kalmadı. Avrupa'daki kulüplerin dikkatini çekmesi, onun diğer ülkelerde de tanınan bir sporcu olma yolunda önemli bir adım oldu. Ebrar, Avrupa'nın önde gelen kulüplerinden birine transfer olarak kariyerinde yeni bir sayfa açtı.

Ebrar Karakurt, on iki yaşında VakıfBank Spor Kulübü'nde voleybola başladığında, kimse onun geleceğin en parlak yıldızlarından biri olacağını tahmin edemezdi. Uzun boyu ve güçlü vuruşlarıyla hemen dikkatleri üzerine çekmişti. Ancak yeteneklerinin ötesinde onu özel kılan şey, gözlerindeki o sönmez ateşti. Ebrar, sahaya her adım attığında içinde taşıdığı azim ve tutku gözlerinden okunuyordu.

VakıfBank formasıyla geçirdiği ilk yıllarda, iki sene üst üste hem yıldızlar hem de gençler kategorisinde Türkiye şampiyonluğu yaşadı. Bu başarılar, onun ne denli kararlı ve disiplinli bir sporcu olduğunu gösteriyordu. Her maç sonrası, alın teri ve gözyaşıyla dolu olan antrenmanları hatırlatıyordu ona. Ebrar, zaferlerin sadece sahada değil, sahaya çıkmadan önceki hazırlıklarda kazanıldığını çok iyi biliyordu.

Henüz 18 yaşında, U23 Millî Takımı'yla dünya şampiyonu olduğunda, tüm dünyanın dikkatini çekmişti. Bu başarı, sadece Ebrar'ın değil, tüm Türkiye'nin gurur kaynağıydı. Genç yaşında elde ettiği bu büyük zafer, ona hem ulusal hem de uluslararası arenada büyük bir prestij kazandırmıştı. Ancak Ebrar için asıl dönüm noktası, U18 Millî Takımı'yla mücadele ettiği Dünya Şampiyonası'nda "En İyi Smaçör" ödülünü kazandığı andı. Bu ödül, onun yeteneklerinin ve sıkı çalışmasının bir meyvesiydi.

2018 yılında VakıfBank A Takımı'na yükselmesi, Ebrar için yeni bir başlangıçtı. Bu yeni adım, ona daha büyük sorumluluklar ve daha zorlu mücadeleler getirdi. Ancak Ebrar her zaman olduğu gibi bu meydan okumalara da büyük bir cesaretle göğüs gerdi. VakıfBank A Takımı'yla yaşadığı Kulüpler Dünya Şampiyonası Şampiyonluğu ve Türkiye Ligi Şampiyonluğu, onun ne denli önemli bir oyuncu olduğunu bir kez daha kanıtladı.

Bu başarılar, Ebrar'ın sadece başlangıç noktasıydı. Onun hikâyesi, henüz yazılmaya başlanan bir destanın ilk sayfalarıydı. Sahada gösterdiği performans, onu sadece bir sporcu değil; aynı zamanda bir ilham kaynağı hâline getirmişti. Ebrar Karakurt'un adını, sadece Türkiye'de değil, dünya çapında herkes biliyor ve onu hayranlıkla izliyordu. Onun yolculuğu, henüz yeni başlıyordu ve daha nice başarılarla dolu olacaktı.

2021 yılı, Ebrar Karakurt'un kariyerinde yeni bir dönemin başlangıcını müjdeledi. Mayıs ayında, Türkiye'deki başarılarının ardından, İtalya Kadınlar Voleybol Ligi'nin köklü takımlarından Igor Gorgonzola Novara ile iki yıllık bir sözleşme imzaladı. Bu karar, onun için sadece bir transfer değil, aynı zamanda yepyeni bir maceranın da başlangıcıydı.

İtalya'ya adım attığında, Ebrar'ın içindeki heyecan ve merak gözlerinden okunuyordu. Farklı bir ülke, farklı bir kültür ve farklı bir voleybol atmosferi onu bekliyordu. Igor Gorgonzola Novara, onun yeteneklerine olan güvenini göstererek büyük bir yatırım yapmıştı. Bu yeni takımda, Ebrar sadece kendini değil, aynı zamanda Türk voleybolunu da en iyi şekilde temsil etmek istiyordu.

Yeni takım arkadaşları ve teknik ekiple tanıştığında ilk anda hissettiği sıcaklık ve destek, onun adaptasyon sürecini kolaylaştırdı. Ancak Ebrar, her zaman olduğu gibi bu yeni zorlu sürece de hazırlanmak için var gücüyle çalışmaya başladı. Antrenman sahasında sergilediği kararlılık ve azim, onun ne kadar büyük bir profesyonel olduğunu bir kez daha gözler önüne seriyordu.

Igor Gorgonzola Novara'daki ilk maçına çıktığında sahada sadece bir sporcu değil, aynı zamanda bir lider gibi hareket etti. Güçlü smaçları ve bloklarıyla, İtalyan taraftarların da gönlünü kazandı. Her sayı sonrası gözlerindeki o ışık, onun sahada ne kadar mutlu ve motive olduğunu gösteriyordu.

Ebrar'ın İtalya macerası, sadece sportif başarılarla sınırlı kalmadı. Yeni kültürü tanımak, farklı insanlarla tanışmak ve hayatına yeni deneyimler katmak, onun kişisel gelişimine de büyük katkı sağladı. İtalya'da geçirdiği her gün, ona hem profesyonel hem de kişisel anlamda yeni dersler ve kazanımlar getirdi.

Bu yeni başlangıç, Ebrar Karakurt'un kariyerinde önemli bir dönüm noktası oldu. Igor Gorgonzola Novara'daki performansıyla, Avrupa'nın en önemli voleybol liglerinden birinde kendini kanıtladı. Onun bu başarıları, sadece bir sporcu olarak değil, aynı zamanda bir ilham kaynağı olarak da ne kadar güçlü olduğunu gösterdi.

Ebrar'ın hikâyesi, İtalya'daki başarılarıyla daha da zenginleşti ve derinleşti. Her maçta, her antrenmanda ve her yeni deneyimde, onun azmi ve tutkusu bir kez daha ortaya çıktı. Ebrar Karakurt, sadece Türk voleybolunun değil, dünya voleybolunun da parlayan bir yıldızı olmaya devam etti. Bu yeni macera, onun için daha büyük başarılara giden yolda atılan önemli bir adımdı.

Avrupa'daki ilk sezonunda, Ebrar gösterdiği üstün performans ile hem takım arkadaşlarının hem de rakiplerinin saygısını kazandı. Her maçta elinden gelenin en iyisini yapmaya çalıştı ve takımına büyük katkılar sağladı. Onun sahadaki liderliği ve bitmeyen enerjisi, takımın başarısında büyük rol oynadı. Ebrar, Avrupa sahnesinde de kendini kanıtladı ve kariyerinde önemli bir yer edindi.

Soğuk Topraklarda Yeni Bir Mücadele: Rusya

2023 yılı, Ebrar Karakurt'un kariyerinde bir başka büyük değişimin habercisiydi. İtalya'da Igor Gorgonzola Novara ile geçirdiği başarılı iki sezonun ardından, bu kez rotasını doğuya çevirdi ve Rusya Kadınlar Voleybol Ligi'nin güçlü takımlarından Lokomotiv Kaliningrad'a transfer oldu. Bu yeni adım, Ebrar için hem büyük bir yolculuk hem de yepyeni bir maceranın başlangıcıydı.

Rusya'ya adım attığında, soğuk hava ve sert iklim koşulları onu karşıladı. Ancak Ebrar, bu zorlu koşullara rağmen içindeki ateşi ve mücadele ruhunu asla kaybetmedi. Lokomotiv Kaliningrad, Ebrar'ın yeteneklerine ve liderlik vasıflarına güvenerek onu kadrosuna katmıştı. Yeni takım arkadaşları ve teknik ekiple tanıştığında Ebrar'ın samimiyeti ve çalışkanlığı hemen dikkat çekti.

Antrenmanlarda gösterdiği performans, onun ne kadar azimli ve kararlı bir sporcu olduğunu bir kez daha kanıtladı. Sahada sergilediği enerjik ve dinamik oyun, Lokomotiv Kaliningrad taraftarlarını da büyüledi. Her maçta, güçlü smaçları ve etkili bloklarıyla takımına büyük katkı sağladı. Ebrar'ın Rusya'daki performansı, onun uluslararası arenada ne denli önemli bir oyuncu olduğunu bir kez daha gösteriyordu.

Lokomotiv Kaliningrad ile ilk maçına çıktığında, Ebrar'ın içindeki heyecan ve coşku sahaya yansıdı. Taraftarların coşkulu tezahüratları altında, her sayıda takım arkadaşlarıyla birlikte zaferi kutladı. Bu yeni takımda Ebrar sadece bir oyuncu değil, aynı zamanda bir lider ve motivasyon kaynağı hâline geldi. Onun sahada sergilediği tutku ve azim, takım arkadaşlarına da ilham verdi.

Rusya'da geçirdiği zaman boyunca, Ebrar sadece sportif anlamda değil, aynı zamanda kişisel olarak da büyük bir gelişim gösterdi. Farklı bir kültürde yaşamak, yeni insanlarla tanışmak ve zorlu koşullara rağmen başarının peşinde koşmak, onun karakterini daha da güçlendirdi. Lokomotiv Kaliningrad'daki performansıyla, Rusya Kadınlar Voleybol Ligi'nde de adından sıkça söz ettirdi.

Ebrar Karakurt'un Rusya macerası, onun ne denli cesur ve kararlı bir sporcu olduğunu bir kez daha ortaya koydu. Soğuk topraklarda, zorlu rakiplerle mücadele ederken bile içindeki ateşi asla kaybetmedi. Onun bu azmi ve kararlılığı, sadece kendi kariyerine değil, aynı zamanda Türk voleyboluna da büyük bir ilham kaynağı oldu.

Bu yeni mücadele, Ebrar'ın kariyerinde önemli bir dönüm noktası olarak yerini aldı.

Lokomotiv Kaliningrad'daki performansıyla, dünya voleybolunun en önemli oyuncularından biri olduğunu bir kez daha kanıtladı. Ebrar'ın hikâyesi, başarılarla ve zorluklarla dolu bu yolculukta, her adımda daha da güçlenerek devam ediyordu. Onun bu inanılmaz yolculuğu, sadece bir sporcu olarak değil, aynı zamanda bir insan olarak da ne kadar güçlü olduğunu gösteriyordu.

Avrupa'daki kulüp kariyeri, Ebrar için büyük bir öğrenme fırsatı oldu. Farklı kültürlerden gelen takım arkadaşları ile çalışmak, onun oyun anlayışını ve stratejik düşünme becerilerini geliştirdi. Antrenmanlarda ve maçlarda kazandığı tecrübeler, onun yeteneklerini daha da ileri seviyelere taşıdı. Ebrar, her geçen gün daha da yetkin hâle geldi ve Avrupa'nın en iyi oyuncularından biri olma yolunda emin adımlarla ilerledi.

Avrupa'daki yılları, Ebrar'ın sadece sportif açıdan değil, aynı zamanda kişisel açıdan da gelişmesini sağladı. Yeni bir ülkede yaşamak, farklı kültürleri tanımak ve yeni insanlarla tanışmak, onun ufkunu genişletti. Ebrar, bu dönemde edindiği tecrübelerle, saha dışında da olgun bir birey hâline geldi. Onun azmi, disiplini ve kararlılığı, sadece spor sahasında değil, hayatının her alanında kendini gösterdi

Ebrar Karakurt'un Avrupa'daki kulüp kariyeri ve sahada gösterdiği üstün performans, onun ne kadar özel bir yetenek olduğunu bir kez daha kanıtladı. Avrupa'da kazandığı başarılarla, kariyerinde önemli bir yer edindi ve voleybol dünyasında adını altın harflerle yazdırdı.

Ebrar'ın Avrupa'daki kulüp kariyeri, onun yetenekleri, azmi ve kararlılığı sayesinde oldu. Her yeni sezon, onun için yeni bir meydan okuma ve öğrenme fırsatıydı. Ebrar, her zorluğu aşarak ve her fırsatı değerlendirerek, Avrupa'nın en iyi oyuncularından biri olmayı başardı.

Ebrar Karakurt'un Avrupa'daki yılları, onun kariyerinde önemli bir yer tuttu. Bu dönemde kazandığı tecrübeler ve başarılar, onun uluslararası arenada tanınan bir sporcu olmasına yol açtı. Ebrar, Avrupa'da gösterdiği üstün performans ile kariyerinde yeni bir sayfa açtı ve voleybol dünyasında bir yıldız olma yolunda emin adımlarla ilerledi.

5. Bölüm

Millî Takımda Parlayan Yıldız

Ebrar Karakurt'un millî takım kariyeri, onun voleybol dünyasında parlayan bir yıldız olmasını sağladı. Millî takım formasıyla sahaya çıktığı her maç, onun için büyük bir gurur ve onur kaynağıydı. Ebrar, millî takımda gösterdiği performans ile Türkiye'yi en iyi şekilde temsil etti ve voleybol dünyasında adını duyurdu.

Millî takım ile katıldığı ilk büyük turnuva, Ebrar için unutulmaz bir deneyimdi. Her maçta elinden gelenin en iyisini yapmaya çalıştı ve takımına büyük katkılar sağladı. Turnuva boyunca sergilediği üstün oyun, onun ne kadar özel bir yetenek olduğunu bir kez daha kanıtladı. Turnuva sonunda kazandıkları başarı, Ebrar'ın millî takım kariyerinde önemli bir yer tuttu.

Ebrar'ın millî takımda gösterdiği liderlik, onun takım arkadaşlarına ilham verdi. Sahada gösterdiği cesaret ve azim, takımın moralini yükseltti ve onları motive etti. Ebrar, sadece bir oyuncu olarak değil, aynı zamanda bir lider olarak da millî takımın başarısında büyük rol oynadı. Onun sahadaki varlığı, takım arkadaşlarına güven verdi ve onları en iyi şekilde oynamaya teşvik etti.

Millî takımda kazandığı başarılar, Ebrar'ın kariyerine olan inancını ve motivasyonunu arttırdı. Her yeni turnuva, onun için yeni bir meydan okuma ve öğrenme fırsatıydı. Ebrar, her zorluğu aşarak ve her fırsatı değerlendirerek, millî takımın en önemli oyuncularından biri oldu. Onun azmi, disiplini ve kararlılığı, millî takımın başarısında büyük rol oynadı.

Ebrar Karakurt'un millî takım kariyeri, onun uluslararası arenada tanınan bir sporcu olmasını sağladı. Sahada gösterdiği üstün performans, onun ne kadar özel bir yetenek olduğunu bir kez daha kanıtladı. Ebrar, millî takımda kazandığı başarılarla, kariyerinde önemli bir yer edindi ve voleybol dünyasında adını altın harflerle yazdırdı.

Ebrar'ın millî takımda kazandığı başarılar, onun yetenekleri, azmi ve kararlılığı sayesinde oldu. Her yeni turnuva, onun için yeni bir meydan okuma ve öğrenme fırsatıydı. Ebrar, her zorluğu aşarak ve her fırsatı değerlendirerek, millî takımın en önemli oyuncularından biri olmayı başardı. Onun hikâyesi, genç sporculara ilham verdi ve onların hayallerine ulaşmaları için cesaretlendirdi.

Ebrar Karakurt'un millî takım kariyeri, onun kariyerinde önemli bir yer tuttu. Bu dönemde kazandığı tecrübeler ve başarılar, onun uluslararası arenada tanınan bir sporcu olmasına yol açtı. Ebrar, millî takımda gösterdiği üstün performans ile kariyerinde yeni bir sayfa açtı ve voleybol dünyasında bir yıldız olma yolunda emin adımlarla ilerledi.

6. BÖLÜM

LİDERLİK

Ebrar Karakurt'un liderlik vasfı, onun voleybol kariyerinde önemli bir yer tuttu. Sahada gösterdiği liderlik, takım arkadaşlarına ilham verdi ve onların en iyi performanslarını sergilemelerine yardımcı oldu. Ebrar, sadece bir oyuncu olarak değil, aynı zamanda bir lider olarak da takımının başarısında büyük rol oynadı.

Ebrar'ın liderlik vasfı, genç yaşlardan itibaren kendini göstermeye başladı. Takım arkadaşlarına olan desteği, onların moralini yükseltti ve sahada daha iyi performans sergilemelerini sağladı. Ebrar, her maçta elinden gelenin en iyisini yapmaya çalışarak, takım arkadaşlarına örnek oldu. Onun sahadaki azmi ve kararlılığı, takımın başarısında büyük rol oynadı.

Sahada gösterdiği liderlik, Ebrar'ın sadece oyun içindeki performansıyla sınırlı kalmadı. Antrenmanlarda, takım arkadaşlarına verdiği destek ve moral, onların motivasyonunu arttırdı. Ebrar, her zaman takımın bir parçası olarak hareket etti ve onların başarısı için elinden geleni yaptı. Takımın birlik ve beraberliğini güçlendirdi.

Ebrar'ın liderlik özelliğini saha dışında da kendini gösterdi. Sosyal medyada takipçileriyle kurduğu bağ, onun insanlarla olan iletişimini güçlendirdi. Ebrar, sadece bir sporcu değil, aynı zamanda bir rol model olarak da gençlere ilham verdi. Onun hikâyesi, genç sporculara cesaret verdi ve onların hayallerine ulaşmaları için motivasyon sağladı.

Ebrar Karakurt'un için liderlik kariyerinde önemli bir yer tuttu. Sahada ve saha dışında gösterdiği liderlik, onun ne kadar özel bir sporcu olduğunu bir kez daha kanıtladı. Ebrar, liderlik vasıfları sayesinde takımını başarıya taşıdı ve voleybol dünyasında adını altın harflerle yazdırdı.

Ebrar Karakurt'un kariyerinde önemli bir yere sahip olan millî takım, onun için sadece bir takım değil, aynı zamanda bir aile gibiydi. Bu aile içerisinde, Ebrar'ın en değerli bağlarından biri de Eda Erdem ile kurduğu özel iletişimdi. Eda Erdem, sadece saha içinde değil, saha dışında da Ebrar'a rehberlik eden, ona yol gösteren bir ablaydı.

"Eda Abla ile gerçekten tatlı bir iletişimimiz ve bilgi alışverişimiz var." diyor Ebrar. Eda Erdem'in çalışkanlığı, disiplini, profesyonelliği ve oyunuyla dünya voleyboluna damga vurmuş bir oyuncu olduğunu belirtiyor. "Benim için de ayrıca çok değerli. Çok güzel öğütler veriyor, hem voleybol hem de yaşamla ilgili." Bu sözler, Eda Erdem'in Ebrar için ne kadar önemli bir rol modeli olduğunu gösteriyor. Onun tecrübeleri ve öğütleri, Ebrar'ın kariyerinde ve hayatında önemli bir yer tutuyordu.

Ebrar, kuşak farkına rağmen Eda Erdem ile ne kadar iyi anlaştıklarını anlatırken, aralarındaki bu özel bağı da gözler önüne seriyor. "Ben de onunla bizim jenerasyonun ilgi duyduğu şeyleri paylaşıyorum. Böyle güzel, tatlı videolar seyrettirmek gibi." Eda Erdem ile sosyal medya üzerinden paylaştıkları eğlenceli ve tatlı videolar, aralarındaki sıcak ve samimi ilişkinin bir yansımasıydı. Bu videolar, sadece takım arkadaşlıklarının değil, aynı zamanda derin bir dostluğun da göstergesiydi.

Eda Erdem, "Sizlerle hep gençleşiyorum." dediğinde, bu sözleri sadece bir iltifat değil, aynı zamanda aralarındaki karşılıklı sevgi ve saygının bir ifadesiydi. Ebrar ve diğer genç oyuncular, Eda Erdem'in tecrübelerinden ve bilgilerinden faydalanırken, ona da gençliğin enerjisini ve coşkusunu katıyorlardı. Bu karşılıklı etkileşim, millî takım içinde müthiş bir sinerji yaratıyordu.

Ebrar Karakurt'un millî takım içindeki bu özel bağı ve iletişimi, onun sahadaki performansını da olumlu yönde etkiliyordu. Eda Erdem gibi bir ablanın varlığı, ona hem güven veriyor hem de onu motive ediyordu. Aralarındaki bu güçlü bağ, takımın genel atmosferine de yansıyor ve sahada bir bütün olarak daha güçlü ve uyumlu olmalarını sağlıyordu.

Bu iletişim ve bağ, sadece Ebrar'ın kariyerine değil, aynı zamanda Türk voleybolunun geleceğine de büyük katkı sağlıyordu. Ebrar ve Eda Erdem'in bu özel ilişkisi, genç sporculara ilham veriyor ve onlara takım ruhunun ve dostluğun önemini hatırlatıyordu. Ebrar Karakurt ve Eda Erdem'in bu hikâyesi, millî takımın gücünü ve dayanışmasını en güzel şekilde özetliyordu.

7. Bölüm

Unutulmaz Maçlar

Ebrar Karakurt'un kariyeri boyunca yaşadığı zaferler ve hüzünler, onun voleybol dünyasında ne kadar özel bir sporcu olduğunu gösterdi. Unutulmaz maçlar, onun kariyerinde önemli bir yer tuttu ve voleybol dünyasında iz bıraktı. Ebrar, her maçta elinden gelenin en iyisini yaparak takımını başarıya taşıdı ve unutulmaz anılar biriktirdi.

Ebrar'ın kariyerindeki ilk unutulmaz maç, genç millî takımla katıldığı uluslararası bir turnuvada gerçekleşti. Turnuvanın final maçında gösterdiği üstün performans, onun ne kadar özel bir yetenek olduğunu bir kez daha kanıtladı. Ebrar, takımına kazandırdığı sayılar ve sahada gösterdiği liderlik ile turnuvanın en değerli oyuncusu seçildi. Bu zafer, onun kariyerinde önemli bir yer tuttu ve voleybol dünyasında adını duyurdu.

Tarihî Çin Zaferi

2020 Tokyo Olimpiyatları, Ebrar Karakurt ve Türk Millî Voleybol Takımı için büyük bir heyecan ve beklentiyle başlamıştı. İlk maçlarında karşılarına çıkan rakip ise olimpiyat ve dünya şampiyonu olmuş, dünya voleybolunun en güçlü takımlarından biri olan Çin'di. Bu zorlu rakiple mücadele etmek, takım için büyük bir sınavdı. Ancak Ebrar ve takım arkadaşları, bu zorluğun üstesinden gelmek için sahaya çıktıklarında tarih yazacaklarının farkında değillerdi.

O maçta Ebrar Karakurt, sahada gösterdiği olağanüstü performansla âdeta bir yıldız gibi parladı. "Sonuçta olimpiyat ve dünya şampiyonu olmuş, çok güçlü bir kadroyla sahaya çıkan Çin'i mağlup ettik. Bu bizi iyice güçlendirdi." diyor Ebrar. Turnuvanın en büyük şampiyonluk adaylarından biri olan Çin'e karşı alınan bu galibiyet, sadece takımın değil, tüm Türkiye'nin moralini yükseltti. Ebrar ve arkadaşları, sahada gösterdikleri üstün performansla, güçlü ve kararlı bir Türkiye'nin neler yapabileceğini tüm dünyaya gösterdiler.

"Biz Çin maçına çok iyi odaklanarak çıktık ve onları resmen dağıttık. Hiç böyle güçlü ve top oynatmayan bir Türkiye hayal ettiklerini düşünmüyorum." diye ekliyor Ebrar. Bu zafer, sadece bir maç galibiyeti değil, aynı zamanda takımın inancını ve özgüvenini pekiştiren bir dönüm noktasıydı. Çin gibi güçlü bir rakibi mağlup etmek, takımın kendine olan güvenini arttırdı ve olimpiyat yolculuğunda onlara büyük bir motivasyon sağladı.

Ebrar Karakurt, bu maçta gösterdiği performansla sadece kendini değil, tüm takımını da bir üst seviyeye taşıdı. "Kişisel olarak ben de o maçta çok iyi bir performansla oynadım." diyor.

Bu zaferin ardından Çin'in kendini toparlayamaması, Türk takımının ne kadar etkileyici ve güçlü bir oyun sergilediğinin bir kanıtıydı. Ebrar ve takım arkadaşları, bu tarihi zaferle birlikte, olimpiyatlardaki hedeflerine daha da sıkı sarıldılar.

"Olimpiyatta gruptan bile çıkamayacağımızı düşünenler vardı ama biz karakterli bir takımız. Hep savaşıyoruz, asla bırakmıyoruz." diyor Ebrar. Bu sözler, takımın azmini, kararlılığını ve mücadele ruhunu en güzel şekilde özetliyordu. Çin zaferi, takımın karakterini ve savaşma gücünü tüm dünyaya gösteren bir zaferdi. Bu maç sadece bir galibiyet değil, aynı zamanda Türk voleybolunun yükselişinin ve gücünün bir simgesiydi.

Ebrar Karakurt ve Türk Millî Voleybol Takımı, bu tarihi zaferle birlikte olimpiyatlarda ne kadar iddialı olduklarını ve her türlü zorluğun üstesinden gelebilecek güçte olduklarını kanıtladılar. Bu zafer sadece bir başlangıçtı ve Ebrar'ın ve takımın önünde daha nice büyük başarılar ve zaferler olacaktı. Çin zaferi, Türk voleybolunun tarihine altın harflerle yazılan bir anı olarak, hepimizin kalbinde yerini aldı.

Güney Kore Yenilgisinden Doğan Avrupa Şampiyonası Zaferi

Olimpiyatlarda yaşanan büyük Güney Kore yenilgisi, Türk Millî Voleybol Takımı için derin bir hayal kırıklığı olmuştu. Maçın bitiş düdüğüyle birlikte gözlerde beliren yaşlar, kırılan hayaller ve sarsılan umutlar, hepsini derinden etkiledi. Ancak sporun doğasında kaybetmek olduğu kadar yeniden ayağa kalkmak da vardı. Ebrar Karakurt ve takım arkadaşları için de bu yenilgi, sadece bir son değil, aynı zamanda yeni bir başlangıcın da işaretiydi.

Güney Kore maçının ardından kısa bir süre sonra Avrupa Şampiyonası'na katılacak olan takım, bu hayal kırıklığını geride bırakmak ve yeni bir sayfa açmak zorundaydı. Ebrar, bu zorlu dönemde takımın moral ve motivasyonunu nasıl yeniden kazandığını anlatıyor: "Hep aynı şeyi söylüyorum; sporda kaybetmek değil, pes etmek sorun olan. Yaptığınız bir hatada takılıp kalırsanız ilerlemeniz mümkün olmaz. Bir an önce o psikolojiden sıyrılıp sonraki sayıya, sete, galibiyete bakmalısınız."

Bu sözler, Ebrar'ın ve takımın ne kadar kararlı ve güçlü olduğunu gösteriyordu. Voleybolun bir hatalar oyunu olduğunu kabul etmek, yapılan hataları ders çıkarıp geleceğe odaklanmak, onların en büyük gücüydü. Güney Kore yenilgisinin ardından takımın içinde bulunduğu psikolojik durumdan sıyrılmak ve Avrupa Şampiyonası'na odaklanmak, büyük bir çaba gerektiriyordu. Ancak Ebrar ve arkadaşları, bu zorluğun üstesinden gelmeyi başardılar.

Ebrar, "Voleybol hatalar oyunu, tabii ki hata yapacağız ama onları unutup gelecek maçı ya da turnuvayı düşüneceğiz." diyor. Bu anlayış, onların yeniden ayağa kalkmasını ve Avrupa Şampiyonası'nda başarıya ulaşmasını sağladı. Yenilgiden ders almak, hatalardan öğrenmek ve daha güçlü bir şekilde geri dönmek, takımın en büyük motivasyonu oldu. Her antrenmanda, her maçta daha da kenetlenen takım, sahada sadece fiziksel değil, aynı zamanda zihinsel olarak da ne kadar güçlü olduğunu gösterdi.

Avrupa Şampiyonası'na katıldıklarında, takımın gözlerinde yeniden doğan umut ve kararlılık okunuyordu. Güney Kore yenilgisinin izleri silinmiş, yerini yeni hedefler ve yeni zaferler almıştı. Sahada gösterdikleri performans, sadece bir sporcu olarak değil, aynı zamanda bir takım olarak ne kadar güçlü olduklarını kanıtladı. Ebrar ve takım arkadaşları, bu süreçte sadece kendilerine değil, tüm Türkiye'ye de önemli bir ders verdiler: Pes etmek değil, yeniden ayağa kalkmak ve mücadeleye devam etmek önemliydi.

Ebrar Karakurt'un bu zorlu dönemde gösterdiği liderlik ve azim, takımın yeniden toparlanmasında büyük rol oynadı. Güney Kore yenilgisinin ardından gelen Avrupa Şampiyonası başarısı, onların ne kadar karakterli ve mücadeleci bir takım olduğunu bir kez daha gözler önüne serdi. Bu zafer, sadece bir turnuva galibiyeti değil, aynı zamanda Ebrar ve takım arkadaşlarının ruhunun ve inancının bir göstergesiydi.

Ebrar Karakurt ve Türk Millî Voleybol Takımı, Avrupa Şampiyonası'nda gösterdikleri performansla, sadece kendilerine değil, tüm Türkiye'ye umut ve ilham verdiler. Güney Kore yenilgisinin ardından gelen bu büyük başarı, onların ne kadar güçlü ve kararlı olduklarını kanıtladı. Ebrar ve arkadaşlarının bu inanılmaz hikâyesi, sporun sadece fiziksel bir mücadele değil, aynı zamanda zihinsel bir dayanıklılık ve inanç gerektirdiğini de bir kez daha hatırlattı.

Ebrar'ın kariyerindeki bir diğer unutulmaz maç, Avrupa'daki kulübü ile kazandığı şampiyonluk maçında yaşandı. Final maçında gösterdiği üstün performans, takımına şampiyonluğu getirdi ve onun kariyerinde unutulmaz bir anı olarak yer aldı. Ebrar, sahada gösterdiği azim ve kararlılık ile takımının en önemli oyuncusu oldu ve şampiyonluğun mimarı olarak anıldı.

Ancak Ebrar'ın kariyerinde sadece zaferler değil, aynı zamanda hüzünler de vardı. Millî takım ile katıldığı bir turnuvada yaşadığı mağlubiyet, onun ve takım arkadaşlarının büyük bir üzüntü yaşamasına neden oldu. Ebrar, bu mağlubiyetin ardından takım arkadaşlarına moral vererek, onları motive etti ve yeniden ayağa kalkmalarını sağladı. Onun liderlik vasıfları, takımın birlik ve beraberliğini güçlendirdi ve onları yeniden başarıya ulaştırdı.

Ebrar Karakurt'un kariyerindeki unutulmaz maçlar, onun voleybol dünyasında ne kadar özel bir sporcu olduğunu gösterdi. Her zafer, onun kariyerinde önemli bir yer tuttu ve voleybol dünyasında iz bıraktı. Ebrar, her maçta elinden gelenin en iyisini yaparak, takımını başarıya taşıdı ve unutulmaz anılar biriktirdi.

Ebrar'ın kariyerindeki zaferler ve hüzünler, onun ne kadar güçlü bir karaktere sahip olduğunu gösterdi. Her zorluk, onun daha da güçlenmesini sağladı ve kariyerinde önemli bir yer tuttu. Ebrar, her maçta gösterdiği performans ile voleybol dünyasında bir yıldız olmayı başardı ve kariyerinde önemli bir yer edindi.

8. BÖLÜM

EBRAR'IN SAHA DIŞI HAYATI

Ebrar Karakurt'un saha dışındaki hayatı da en az sahadaki kadar ilgi çekici. Voleybol dışında da renkli bir kişiliğe sahip olan Ebrar, sosyal hayatında da birçok kişi tarafından sevilen ve saygı duyulan bir birey. Onun saha dışındaki yaşamı, spor dünyasında örnek alınacak birçok değeri barındırıyor.

Ebrar, saha dışında ailesine ve arkadaşlarına büyük önem veriyor. Ailesiyle olan bağları, onun için her zaman öncelikli oldu. Ailesi, Ebrar'ın kariyerinde en büyük destekçisi ve onun her başarısında yanında oldular. Ebrar, ailesinin sevgisi ve desteği ile güç buldu ve onların gurur kaynağı oldu.

Sosyal hayatında arkadaşlarıyla vakit geçirmekten büyük keyif alan Ebrar, onların moral ve motivasyon kaynağı. Arkadaşlarıyla olan samimi ve sıcak ilişkisi, onun ne kadar sevilen bir kişi olduğunu gösteriyor. Ebrar, arkadaşlarıyla geçirdiği zamanlarda enerjisini topluyor ve saha dışındaki stresini atıyor. Onun sosyal hayatındaki mutluluğu, sahadaki performansına da yansıyor.

Ebrar'ın saha dışındaki bir diğer önemli yönü, sosyal medyada gösterdiği aktif varlık. Sosyal medya üzerinden takipçileriyle kurduğu bağ, onun insanlarla olan iletişimini güçlendiriyor. Ebrar, sosyal medya hesaplarından paylaştığı motivasyonel mesajlar ve antrenman videoları ile takipçilerine ilham veriyor. Onun sosyal medyadaki varlığı, genç sporcular için önemli bir rol model olmasını sağlıyor.

Ebrar Karakurt'un saha dışındaki hayatı, onun ne kadar özel bir insan olduğunu gösteriyor. Ailesine, arkadaşlarına ve takipçilerine olan sevgisi ve bağlılığı, onun karakterinin ne kadar güçlü olduğunu kanıtlıyor. Ebrar, saha dışında da birçok kişiye ilham veriyor ve onların hayatına dokunuyor. Onun hikâyesi, genç sporculara cesaret veriyor ve onların hayallerine ulaşmaları için motivasyon sağlıyor.

Her anı dolu dolu yaşayan Ebrar, sadece saha içinde değil, saha dışında da örnek bir birey olmayı başarıyor.

9. Bölüm

Sosyal Medya ve Ebrar

Ebrar, sosyal medya dünyasında da önemli bir figür. Sosyal medya hesapları üzerinden takipçileriyle kurduğu bağ, onun insanlarla olan iletişimini güçlendiriyor. Paylaştığı mesajlar ve içeriklerle, genç sporculara ilham veriyor ve onların motivasyon kaynağı oluyor.

Ebrar'ın sosyal medyadaki aktif varlığı, onun ne kadar güçlü bir iletişim yeteneğine sahip olduğunu gösteriyor. Paylaştığı antrenman videoları, motivasyonel mesajlar ve günlük yaşamından kesitler, takipçileri tarafından büyük ilgi görüyor. Ebrar, sosyal medya üzerinden takipçilerine ilham veriyor ve onların hayallerine ulaşmaları için cesaretlendiriyor.

Sosyal medyadaki varlığı takipçileriyle sınırlı kalmıyor, spor dünyasındaki isimlerle de iletişim kurmasını sağlıyor. Sosyal medya üzerinden diğer sporcularla deneyimlerini paylaşıyor ve onlarla bilgi alışverişinde bulunuyor. Bu etkileşim, onun voleybol dünyasında daha da tanınmasını sağlıyor ve kariyerine olumlu katkı sağlıyor.

Sosyal medya, Ebrar için sadece bir iletişim aracı değil, aynı zamanda bir motivasyon kaynağı. Takipçilerinden aldığı olumlu geri dönüşler ve destek mesajları, onun moralini yüksek tutuyor ve sahada daha iyi performans sergilemesini sağlıyor. Ebrar, sosyal medyada gösterdiği pozitif duruşu ile birçok kişiye örnek oluyor.

Ebrar'ın sosyal medyadaki aktif varlığı, onun kariyerinde önemli bir yer tutuyor. Sosyal medya üzerinden paylaştığı mesajlar ve içeriklerle, genç sporculara ilham veriyor ve onların motivasyon kaynağı oluyor. Ebrar, sosyal medya üzerinden takipçileriyle kurduğu bağ ile voleybol dünyasında adını altın harflerle yazdırıyor.

10. BÖLÜM

EBRAR'IN İLHAM VERİCİ HİKÂYELERİ

Ebrar Karakurt'un kariyeri boyunca yaşadığı ilham verici hikâyeler, onun ne kadar özel bir sporcu olduğunu gösteriyor. Her maç, her antrenman, her başarı ve her zorluk, onun hikâyesinin bir parçası. Ebrar, kariyeri boyunca yaşadığı ilham verici hikâyelerle, genç sporculara cesaret veriyor ve onların hayallerine ulaşmaları için motivasyon sağlıyor.

Ebrar'ın kariyerindeki ilk ilham verici hikâye, genç yaşta kazandığı bir turnuva ile başladı. Turnuvanın final maçında gösterdiği üstün performans, onun ne kadar özel bir yetenek olduğunu bir kez daha kanıtladı. Ebrar, takımına kazandırdığı sayılar ve sahada gösterdiği liderlik ile turnuvanın en değerli oyuncusu seçildi. Bu zafer, onun kariyerinde önemli bir yer tuttu ve voleybol dünyasında adını duyurdu.

Bir diğer ilham verici hikâye, Ebrar'ın sakatlık sonrası sahalara geri dönmesi oldu. Ciddi bir sakatlık yaşayan Ebrar, uzun bir tedavi sürecinin ardından sahalara geri dönmeyi başardı. İlk antrenmanında yaşadığı duygusal anlar, onun ne kadar güçlü bir iradeye sahip olduğunu gösterdi. Ebrar, sahalara döndüğünde sadece fiziksel olarak değil, aynı zamanda zihinsel olarak da daha güçlüydü.

Ebrar'ın kariyerindeki bir diğer ilham verici hikâye, millî takım ile kazandığı şampiyonluk oldu. Turnuvanın final maçında gösterdiği üstün performans, onun ne kadar özel bir yetenek olduğunu bir kez daha kanıtladı. Ebrar, takımına kazandırdığı sayılar ve sahada gösterdiği liderlik ile şampiyonluğun mimarı oldu. Bu zafer, onun kariyerinde önemli bir yer tuttu ve voleybol dünyasında adını altın harflerle yazdırdı.

Ebrar Karakurt'un kariyerindeki ilham verici hikâyeler, onun ne kadar özel bir sporcu olduğunu gösteriyor. Her zafer, her hüzün, her zorluk, onun hikâyesinin bir parçası. Ebrar, kariyeri boyunca yaşadığı ilham verici hikâyelerle, genç sporculara cesaret veriyor ve onların hayallerine ulaşmaları için motivasyon sağlıyor.

Ebrar'ın kariyerindeki ilham verici hikâyeler, onun ne kadar güçlü bir karaktere sahip olduğunu gösteriyor. Her zorluk, onun daha da güçlenmesini sağladı ve kariyerinde önemli bir yer tuttu. Ebrar, her maçta gösterdiği performans ile voleybol dünyasında bir yıldız olmayı başardı ve kariyerinde önemli bir yer edindi.

11. Bölüm

Geleceğe Bakış

Ebrar Karakurt'un bugüne kadar gösterdiği başarılar, onun ne kadar büyük bir potansiyele sahip olduğunu gösteriyor. Ancak Ebrar için başarı sadece geçmişte kalmıyor, onun geleceğe dair büyük hayalleri ve hedefleri var. Bu hayaller ve hedefler, Ebrar'ı daha da motive ediyor ve onun kariyerine yeni bir yön veriyor.

Ebrar'ın en büyük hayallerinden biri, Türkiye'yi uluslararası arenada en iyi şekilde temsil etmek ve voleybol dünyasında Türkiye'nin adını duyurmak. Millî takım formasıyla kazandığı başarılar, onun bu hayalini gerçekleştirme yolunda attığı adımlar. Ancak Ebrar'ın hedefleri bununla sınırlı değil. O, daha büyük başarılara imza atmak ve Türkiye voleybolunu dünya çapında bir marka hâline getirmek istiyor.

Ebrar'ın bir diğer büyük hedefi, genç sporculara ilham vermek ve onların kariyerlerinde başarılı olmaları için onlara destek olmak. Sosyal medya üzerinden takipçileriyle kurduğu bağ, onun bu hedefini gerçekleştirme yolunda önemli bir adım. Ebrar, genç sporculara yönelik düzenlediği etkinlikler ve antrenman programları ile onların gelişimine katkıda bulunuyor.

Ebrar'ın gelecekteki hedeflerinden biri de voleybol dünyasında kalıcı bir iz bırakmak. O, sadece bir sporcu olarak değil, aynı zamanda bir lider ve rol model olarak da tanınmak istiyor. Ebrar, voleybol kariyerinde elde ettiği başarıları ve kazandığı tecrübeleri, gelecek nesillere aktarmak istiyor. Onun hedefi, sadece kendi kariyerinde değil, aynı zamanda voleybol dünyasında da kalıcı bir iz bırakmak.

Ebrar Karakurt'un geleceğe dair hayalleri ve hedefleri, onun ne kadar büyük bir potansiyele sahip olduğunu gösteriyor. Her yeni gün, Ebrar için yeni bir fırsat ve yeni bir meydan okuma. Onun azmi, disiplini ve kararlılığı, bu hedeflere ulaşmasını sağlayacak. Ebrar, hayallerinin peşinden gitmek için her zaman hazır ve kararlı.

Ebrar'ın geleceğe dair hayalleri, sadece kendi kariyerinde değil, aynı zamanda Türkiye voleybolunun gelişiminde de önemli bir rol oynuyor. Onun başarıları, genç sporculara ilham veriyor ve Türkiye voleybolunu dünya çapında tanınan bir marka hâline getiriyor. Ebrar, gelecekteki hedeflerine ulaşmak için her zaman hazır ve kararlı.

Ebrar Karakurt'un geleceğe dair hayalleri ve hedefleri, onun ne kadar büyük bir sporcu olduğunu bir kez daha gösteriyor. Her yeni gün, onun için yeni bir fırsat ve yeni bir meydan okuma. Ebrar, hayallerinin peşinden gitmek için her zaman hazır ve kararlı.

12. Bölüm

Ebrar'ın Voleybola Katkıları

Türkiye'de, futbol ve basketbol gibi sporların gölgesinde kalan voleybol, Ebrar Karakurt'un yükselişiyle birlikte yeniden parladı. Onun sahada gösterdiği inanılmaz performans, milyonlarca insanı ekranlara kilitlemeyi başardı. Bu, sadece bir spor müsabakası değil, aynı zamanda bir ulusun birlikte yaşadığı bir gurur anıydı. Geçirdiği her dakikanın, attığı her smacın, kazandığı her sayının değeri paha biçilemezdi.

Salondaki on binlerce kişi, evlerinde ya da iş yerlerinde maçı izleyen milyonlar, hep bir ağızdan "Türkiye sizinle gurur duyuyor!" diye haykırdığında, bu sesler kalplerde derin izler bıraktı. Her duyduğumuzda tüylerimiz diken diken oldu. Ebrar'ın sahadaki mücadelesi, sadece bir sporcu olarak değil, aynı zamanda bir milletin umudu ve gururu olarak yankılandı. Bu anlar, onun ne kadar büyük bir sporcu olduğunu ve Türk voleybolunu nasıl bir üst seviyeye taşıdığını gösteriyordu.

Bu hisleri ve sevgiyi milyar dolar ödeseniz elde edebilir misiniz? Sahadaki başarıların ötesinde, kalplere dokunan bu anlar, paha biçilemez bir değere sahipti. Ebrar'ın her maçta gösterdiği azim ve kararlılık, gençlere ilham verdi, onlara hayallerinin peşinden gitmeleri gerektiğini hatırlattı. Onun sahada attığı her adım, kazandığı her zafer, sadece kendi kariyerine değil, aynı zamanda Türk sporuna da büyük bir katkı sağladı.

Ebrar Karakurt'un başarısı, sadece bir spor müsabakası olarak kalmadı, aynı zamanda bir ulusun birlikte yaşadığı ve paylaştığı bir hikâye oldu. Milyonlarca insan, onunla birlikte sevinç gözyaşları döktü, onunla birlikte zorlukların üstesinden geldi. Bu, sporun ve başarının nasıl birleştirici bir güce sahip olduğunu gösteren en güzel örneklerden biriydi.

Ebrar'ın hikâyesi, sahada kazanılan zaferlerin ötesinde, insanlara umut ve ilham vermeyi başardı. Onun azmi, tutkusu ve kararlılığı, sadece voleybol severlere değil, hayatın her alanında mücadele eden herkese ışık tuttu. Bu hikâye, onun ne denli büyük bir sporcu olduğunu ve Türk voleybolunun geleceğine nasıl yön verdiğini anlatıyor.

Bundan daha kıymetli ne olabilir? Ebrar Karakurt, sadece bir sporcu değil, bir ilham kaynağı, bir umut ışığı ve bir milletin gururu olarak tarih sahnesinde yerini aldı. Onun bu inanılmaz yolculuğu, daha nice başarılarla dolu olacak ve hepimizin kalbinde derin izler bırakmaya devam edecek.

Ebrar Karakurt'un voleybol kariyeri, Türkiye voleybolunun gelişiminde önemli bir rol oynadı. Onun sahada gösterdiği üstün performans, Türkiye'de voleybolun daha da popüler hâle gelmesini sağladı.

Ebrar'ın millî takım formasıyla kazandığı başarılar, millî takım ile katıldığı turnuvalarda gösterdiği üstün performans, Türkiye'nin voleybol dünyasında saygın bir yer edinmesini sağladı. Ebrar, millî takımın başarısında büyük rol oynadı ve Türkiye'yi en iyi şekilde temsil etti.

Ebrar'ın Türkiye voleyboluna yaptığı katkılar, sadece sahada gösterdiği performansla sınırlı kalmadı. O, aynı zamanda genç sporculara ilham vererek, onların voleybola olan ilgisini arttırdı. Ebrar, sosyal medya üzerinden paylaştığı motivasyonel mesajlar ve antrenman videoları ile genç sporculara ilham verdi ve onların gelişimine katkıda bulundu.

Ebrar'ın Türkiye voleyboluna yaptığı katkılar, onun ne kadar büyük bir sporcu olduğunu gösteriyor. Her yeni maç, her yeni turnuva, onun için yeni bir fırsat ve yeni bir meydan okuma. Ebrar, Türkiye voleybolunun gelişiminde önemli bir rol oynadı ve genç sporculara ilham verdi. Onun başarıları, Türkiye voleybolunun uluslararası arenada tanınmasına büyük katkı sağladı.

Ebrar Karakurt'un Türkiye voleyboluna yaptığı katkılar, onun ne kadar özel bir sporcu olduğunu gösteriyor. Her zafer, her hüzün, her zorluk, onun hikâyesinin bir parçası. Ebrar, Türkiye voleyboluna yaptığı katkılarla, genç sporculara ilham verdi ve onların voleybola olan ilgisini arttırdı. Onun hikâyesi, genç sporculara cesaret verdi ve onların hayallerine ulaşmaları için motivasyon sağladı.

Ebrar'ın Türkiye voleyboluna yaptığı katkılar, onun ne kadar büyük bir potansiyele sahip olduğunu gösteriyor. Her yeni gün, Ebrar için yeni bir fırsat ve yeni bir meydan okuma. Onun azmi, disiplini ve kararlılığı, Türkiye voleybolunun gelişiminde önemli bir rol oynadı. Ebrar, Türkiye voleybolunun uluslararası arenada tanınmasına büyük katkı sağladı ve voleybol dünyasında adını altın harflerle yazdırdı.

13. Bölüm

Ebrar'ın Rol Modelleri ve İlham Kaynakları

Ebrar Karakurt'un kariyerinde önemli bir yere sahip olan rol modelleri ve ilham kaynakları, onun başarılarında büyük rol oynadı. Her başarılı sporcunun arkasında, onu destekleyen ve ilham veren kişiler vardır. Ebrar da kariyerinde ilham aldığı kişiler ve rol modelleri sayesinde, voleybol dünyasında büyük başarılara imza attı.

Ebrar Karakurt, voleybol sahasında sadece bir oyuncu olarak değil, aynı zamanda kendi pozisyonunda dünyanın en iyileri arasında yer almayı başarmış bir yıldız olarak parladı. Onun bu başarısı, sadece yeteneklerinden değil, aynı zamanda kendine olan güveni ve büyük sporculara duyduğu saygıdan kaynaklanıyordu. Ebrar, kendi pozisyonunda dünya çapında nerede olduğunu değerlendirdiğinde, en iyi oyuncularla aynı sahada mücadele etmekten büyük bir gurur ve heyecan duyuyordu.

"Pozisyonumda çok iyi oyuncular olduğunu düşünüyorum." diyor Ebrar. "Başta Paola Egonu ve Tijana Boskovic gibi isimler var. Onlar gerçekten çok yüksek seviyede voleybol oynuyorlar ve benim için büyük birer ilham kaynağı." Ebrar'ın bu sözleri, onun sadece kendi yeteneklerine değil, aynı zamanda rakiplerinin başarısına duyduğu saygıyı da gösteriyordu. Paola Egonu ve Tijana Boskovic, dünya voleybolunun zirvesinde yer alan oyuncular olarak, Ebrar'ın hedeflerine ve hayallerine ışık tutuyordu.

Kendi jenerasyonuna baktığında Ebrar, Magdalena Stysiak'ı çok beğendiğini ifade ediyor. "O da 2000'li ve gerçekten çok iyi bir oyuncu." diyor. "Aramızda tatlı bir rekabet olduğunu düşünüyorum." Ebrar ve Magdalena arasındaki bu rekabet, sadece sahada değil, aynı zamanda birbirlerine duydukları saygı ve hayranlıkla da besleniyordu. Her iki oyuncu da genç yaşlarına rağmen büyük başarılara imza atmıştı ve bu rekabet, onları daha da ileriye taşıyan bir güç hâline gelmişti.

Ebrar, sadece Paola Egonu, Tijana Boskovic ve Magdalena Stysiak ile sınırlı kalmıyor, aynı zamanda Melissa Vargas ve Isabelle Haak'ı da beğendiğini söylüyor. "Onlar da çok yetenekli oyuncular ve onları izlemekten büyük keyif alıyorum." diyor. Melissa Vargas ve Isabelle Haak, dünya voleybol sahnesinde kendilerini kanıtlamış iki önemli isim olarak, Ebrar'ın başarısına ve gelişimine ilham veren diğer oyunculardı.

Ebrar Karakurt'un bu büyük sporculara duyduğu saygı ve hayranlık, onun ne denli alçakgönüllü ve aynı zamanda ne kadar kararlı bir sporcu olduğunu gösteriyor. Kendini sürekli geliştirme arzusuyla, en iyilerle rekabet etmekten ve onlardan ilham almaktan çekinmeyen Ebrar, her maçta, her antrenmanda daha da güçleniyor. Bu rekabet ve ilham, onun sahada gösterdiği performansı daha da üst seviyelere taşıyor.

Ebrar'ın hikâyesi, sadece bireysel başarılarla değil, aynı zamanda dünya çapında büyük sporcularla olan rekabeti ve bu rekabetin getirdiği ilhamla da dolu. Onun bu yolculuğu, genç sporculara ilham vermeye ve onlara hayallerinin peşinden gitmeleri gerektiğini hatırlatmaya devam edecek. Ebrar Karakurt, sadece bir sporcu olarak değil, aynı zamanda bir ilham kaynağı ve rol model olarak, dünya voleybolunun en parlak yıldızlarından biri olmayı sürdürüyor.

Ebrar'ın en büyük ilham kaynaklarından biri, ailesi oldu. Ailesi, onun kariyerinde en büyük destekçisi ve motivasyon kaynağı oldu. Ebrar, ailesinin sevgisi ve desteği ile güç buldu ve onların gurur kaynağı oldu. Onun için en önemli motivasyon kaynağı, ailesinin gurur duyduğu bir evlat olabilmekti.

Ebrar'ın kariyerinde ilham aldığı bir diğer önemli kişi, antrenörleriydi. Antrenörlerinin yönlendirmeleri ve destekleri, onun voleybol sahasında kendini geliştirmesine büyük katkı sağladı. Ebrar, antrenörlerinin öğretilerini ve taktiklerini sahada uygulayarak, üstün bir performans sergiledi. Onların desteği, Ebrar'ın kariyerinde önemli bir rol oynadı.

Ebrar'ın kariyerinde ilham aldığı rol modellerinden biri de dünya voleybolunun ünlü isimleriydi. Uluslararası arenada büyük başarılara imza atan sporcular, Ebrar için büyük bir ilham kaynağı oldu. Onların başarıları ve sahada gösterdikleri performans, Ebrar'ın kariyerinde önemli bir yere sahipti. Ebrar, onların izinden giderek, voleybol dünyasında büyük başarılara imza attı.

Ebrar Karakurt'un kariyerinde ilham aldığı rol modelleri ve ilham kaynakları, onun ne kadar büyük bir sporcu olduğunu gösteriyor. Onun azmi, disiplini ve kararlılığı, rol modelleri ve ilham kaynakları sayesinde daha da güçlendi. Ebrar, kariyerinde ilham aldığı kişiler ve rol modelleri sayesinde, voleybol dünyasında büyük başarılara imza attı.

Ebrar'ın rol modelleri ve ilham kaynakları, onun kariyerinde önemli bir yer tuttu. Her zafer, her hüzün, her zorluk, onun hikâyesinin bir parçası. Ebrar, kariyerinde ilham aldığı kişiler ve rol modelleri sayesinde, genç sporculara ilham verdi ve onların hayallerine ulaşmaları için motivasyon sağladı.

14. Bölüm

Ebrar Karakurt'un Mirası

Ebrar Karakurt'un voleybol dünyasında bıraktığı miras, onun ne kadar büyük bir sporcu olduğunu gösteriyor. Kariyeri boyunca kazandığı başarılar, yaşadığı zorluklar ve gösterdiği azim, onun hikâyesinin bir parçası. Ebrar, voleybol dünyasında bıraktığı miras ile genç sporculara ilham veriyor ve onların hayallerine ulaşmaları için motivasyon sağlıyor.

Ebrar'ın kariyeri boyunca kazandığı başarılar, onun ne kadar özel bir yetenek olduğunu gösteriyor. Her zafer, onun kariyerinde önemli bir yer tuttu ve voleybol dünyasında iz bıraktı. Ebrar, sahada gösterdiği performans ile takımını başarıya taşıdı ve unutulmaz anılar biriktirdi.

Ebrar'ın kariyeri boyunca yaşadığı zorluklar, onun ne kadar güçlü bir karaktere sahip olduğunu gösteriyor. Her zorluk, onun daha da güçlenmesini sağladı ve kariyerinde önemli bir yer tuttu. Ebrar, sakatlıklarla mücadele ederek ve her düştüğünde yeniden ayağa kalkarak, voleybol dünyasında bir yıldız olmayı başardı.

Ebrar Karakurt'un voleybol dünyasında bıraktığı miras, onun ne kadar büyük bir sporcu olduğunu gösteriyor. Kariyeri boyunca kazandığı başarılar, yaşadığı zorluklar ve gösterdiği azim, onun hikâyesinin bir parçası. Ebrar, voleybol dünyasında bıraktığı miras ile genç sporculara ilham veriyor ve onların hayallerine ulaşmaları için motivasyon sağlıyor.

Ebrar'ın mirası, sadece kendi kariyerinde değil, aynı zamanda Türkiye voleybolunun gelişiminde de önemli bir rol oynuyor. Onun başarıları, genç sporculara ilham veriyor ve Türkiye voleybolunu dünya çapında tanınan bir marka hâline getiriyor.

15. BÖLÜM

BAŞARI İSTATİSTİKLERİ

Kulüp Başarıları

VakıfBank

2017-18	CEV Kadınlar Şampiyonlar Ligi - Şampiyonluk
2018	FIVB Kadınlar Dünya Kulüpler Şampiyonası - Şampiyonluk
2018-19	Sultanlar Ligi - Şampiyonluk
2019	FIVB Kadınlar Dünya Kulüpler Şampiyonası - Üçüncülük

Millî Takım Başarıları

2017	FIVB U23 Kadınlar Dünya Şampiyonası - Şampiyonluk
2018	FIVB Voleybol Kadınlar Milletler Ligi - İkincilik
2019	Avrupa Kadınlar Voleybol Şampiyonası - İkincilik
2021	Avrupa Kadınlar Voleybol Şampiyonası - Üçüncülük
2021	FIVB Voleybol Kadınlar Milletler Ligi Üçüncülük

2023 FIVB Voleybol Kadınlar Milletler Ligi - Şampiyonluk

2023 Avrupa Kadınlar Voleybol Şampiyonası - Şampiyonluk

2023 Voleybol Dünya Kupası - Şampiyonluk

Kişisel Başarıları

2017 Yıldız Kızlar Dünya Voleybol Şampiyonası - En İyi Smaçör

U18 Avrupa Şampiyonası - En İyi Smaçör

2019 FIVB Voleybol Kadınlar Milletler Ligi - En iyi Pasör Çaprazı

2022 İtalya Kadınlar Voleybol Ligi - Normal Sezonda En Çok MVP Seçilen Oyuncu

2023 İtalya Kadınlar Voleybol Ligi - En İyi Pasör Çaprazı

2023 İtalya Kadınlar Voleybol Ligi - En Skorer Oyuncu

2023 Avrupa Kadınlar Voleybol Şampiyonası - En İyi Smaçör

Kaynakça

"Turkey – Ebrar Karakurt". *FIVB Girls' U18 World Championship.* 15 Şubat 2019 tarihinde kaynağından arşivlendi. Erişim tarihi: 5 Temmuz 2018.

"Turkey – Ebrar Karakurt". *Volleyball Nations League.* 21 Ocak 2019 tarihinde kaynağından arşivlendi. Erişim tarihi: 5 Temmuz 2018.

"Ebrar Karakurt - *VakıfBank Spor Kulübü Özgeçmiş*". 16 Şubat 2019 tarihinde kaynağından arşivlendi.

"Cüppeli Ahmet, millî voleybolcu Ebrar Karakurt'u hedef aldı: Başımıza ne işler açacak". Cumhuriyet. 16 Ağustos 2021 tarihinde kaynağından arşivlendi. Erişim tarihi: 16 Ağustos 2021.

"Gericilerin hedefi olan Ebrar Karakurt'a büyük destek". soL. 16 Ağustos 2021. 16 Ağustos 2021 tarihinde kaynağından arşivlendi. Erişim tarihi: 16 Ağustos 2021.

"Türkiye Voleybol Federasyonu'ndan homofobik saldırılara maruz kalan Ebrar Karakurt'a destek". BBC News Türkçe. 16 Ağustos 2021 tarihinde kaynağından arşivlendi. Erişim tarihi: 16 Ağustos 2021.

Welle (www.dw.com), Deutsche. "Ebrar Karakurt ve homofobi tartışmaları | DW | 16.08.2021". DW.COM. 16 Ağustos 2021 tarihinde kaynağından arşivlendi. Erişim tarihi: 16 Ağustos 2021.

"Ebrar Karakurt'tan Beşiktaş sözleri". *Fanatik.* 10 Mayıs 2023. 6 Eylül 2023 tarihinde kaynağından arşivlendi. Erişim tarihi: 24 Aralık 2023.

"WVNL2018 - Match 130 - P-2 (Result)". Dünya Voleybol Federasyonu. 1 Temmuz 2018. 1 Temmuz 2018 tarihinde kaynağından arşivlendi. Erişim tarihi: 12 Mart 2023.

"CEV EuroVolley 2019 | Women Gold Medal Match (TUR) (WFF-02)". Avrupa Voleybol Konfederasyonu. 8 Eylül 2019. 18 Mart 2023 tarihinde kaynağından arşivlendi. Erişim tarihi: 18 Mart 2023.

"Filenin Sultanları Avrupa Üçüncüsü". 28 Ekim 2021 tarihinde kaynağından arşivlendi. Erişim tarihi: 4 Aralık 2023.

"WVNL2021 - Match 123 - P-2 (Result)". Dünya Voleybol Federasyonu. 25 Haziran 2021. 25 Haziran 2021 tarihinde kaynağından arşivlendi. Erişim tarihi: 21 Mart 2023.

"FIVB Volleyball Nations League – Women-Final 1-2 (Places 1 and 2)". 17 Temmuz 2023 tarihinde kaynağından arşivlendi. Erişim tarihi: 8 Mayıs 2024.

"CEV EuroVolley 2023 Women Gold Medal Match in BEL (WFF-02)". 24 Eylül 2023 tarihinde kaynağından arşivlendi. Erişim tarihi: 12 Aralık 2023.

"Teams head to Japan to compete for a ticket to Paris and to contest the country's 'World Cup' in 2023". 21 Ekim 2022 tarihinde kaynağından arşivlendi. Erişim tarihi: 24 Eylül 2023.

"2018 Women's Champions League Final Four in BUCHAREST (ROU) (F-304)". 9 Aralık 2023 tarihinde kaynağından arşivlendi. Erişim tarihi: 9 Aralık 2023.

"FIVB Volleyball Women's Club World Championship 2018". 12 Nisan 2023 tarihinde kaynağından arşivlendi. Erişim tarihi: 9 Aralık 2023.

"FIVB Volleyball Women's Club World Championship 2019 - Final 3-4 (Places 3 and 4)". 12 Nisan 2023 tarihinde kaynağından arşivlendi. Erişim tarihi: 11 Aralık 2023.

"İtalya'da Ebrar Karakurt rakiplerine fark attı!". Milliyet. 10 Nisan 2023. 10 Nisan 2023 tarihinde kaynağından arşivlendi. Erişim tarihi: 5 Eylül 2023.

"Filenin Sultanları'ndan 5 isim Avrupa Şampiyonası Rüya Takımı'na seçildi". Cumhuriyet. 9 Aralık 2023. 13 Eylül 2023 tarihinde kaynağından arşivlendi. Erişim tarihi: 2 Ekim 2023.

Socrates Dergi – Ben Kendimim (Özel Röportaj, Caner Eler)